科学健身太极拳

简明教程

王志杰　闫卫东　翟世奎　霍忠超　主编

中国石化出版社
HTTP://WWW.SINOPEC-PRESS.COM
中国经济出版社
CHINA ECONOMIC PUBLISHING HOUSE
·北京·

图书在版编目（CIP）数据

科学健身太极拳简明教程 / 王志杰等主编 . -- 北京 : 中国石化出版社 , 2025. 3. -- ISBN 978-7-5114-7797-2

Ⅰ . G852.11

中国国家版本馆 CIP 数据核字第 2025EG3961 号

中国石化出版社出版发行

地址：北京市东城区安定门外大街58号

邮编：100011　电话：（010）57512500

发行部电话：（010）57512575

http：//www. sinopec-press. com

E-mail：press@ sinopec. com

北京科信印刷有限公司印刷

全国各地新华书店经销

*

880毫米×1230毫米　32开本　3.75印张　58千字

2025年3月第1版　2025年3月第1次印刷

定价：39.80元

前言

PREFACE

一

太极拳能顺“形气”祛病，是中医“治未病”预防思想的重要方法。多年的临床实践证明，太极拳对高血压、糖尿病、动脉血管硬化、颈椎病、肾病、腰椎间盘突出等慢性病均有疗效。

太极拳的起源，目前尚未形成定论。能找到文字记载的，是400年前在河南温县赵堡镇陈家沟已有人习练太极拳。河北省邯郸市永年区广府镇后来又成了太极拳的光大之地。新中国成立后，国家对发展民族体育和武术非常重视，经反复论证、编选、试行、修订，1956年以杨式太极拳为模板推出《简化太极拳》(《24式太极拳》)。太极拳热自此兴起，并日益在国际上产生深远影响。2006年国务院公布太极拳为国家非物质文化遗产。2020年12月17日，联合国教科文组织保护非物质文化遗产政府间委员会宣布，太极拳列入《人类非物质文化遗产代表作名录》，成为我国传统武术类非遗项目中唯一的人类非物质文化遗产。

二

《太极拳科学原理》于2023年9月由中国石化出版社出版发行后，产生了很好的社会影响。很多读者反映，这本书开创了将太极拳理论由传统哲学语言转化为现代科学语言的先河，通过这本书，对太极拳的拳法机理、养生功效增进了了解，对优秀传统文化增进了了解；太极拳作为优秀传统文化的鲜活载体，将为弘扬优秀传统文化、推进健康中国建设发挥独特作用。大家纷纷给出版社和作者打电话，迫切希望及早推出一套契合太极拳科学原理的功法教程，以便于大家练习受益。

在《太极拳科学原理》的编著过程中，团队秉持知行合一思想，已经谋划编制一套科学、简易、健身功效良好的科学健身太极拳功法。幸遇太极拳之乡河北永年的几位太极拳的痴迷者，组成了一个编著团队。王志杰现任河北省邯郸市邯山区人大常委会委员，10年前积劳成疾，患上腰椎间盘突出，导致下肢麻木，肌肉萎缩。万般无奈下，始学武式太极拳，3年治愈。2023年在河北省太极拳公开邀请赛上获传统武式太极拳金奖和太极拳名家称号。本书影像中的演练者为王志杰。闫卫东曾任全国政协人口资源环境委员会办公室一级巡视员，通过练习太极拳治愈了胃病、颈椎病、心血管硬化、高血压等，是《太极拳科学原理》的主要执笔人。翟世奎师从叔叔翟维传大师，和永年广府城太极拳名家姚继祖相邻，是武式太极拳第六代传人。霍忠超现任河北工程大学附属医院肿瘤中心主任、主任医师，教授、硕士研究生导师，中国老年医学学会中西医结合分会第一届委员会常务委员，有扎实的理论知识和丰富的临床经验。

不少太极拳爱好者在练习中损伤了膝关节，还有的虽然多年坚持习练，却收不到改善高血压、软化心血管等功效。为把这些问题解决好，我们专门邀请到永年广府有70年习练历程的班侯太极拳第四代传人陈广玉作为总技术指导，秉承益寿延年的核心功用，融汇解剖学、生理学、运动学、中医学理论，吸收架子相对较高、动作幅度稍小、速度柔缓的武式、孙式、吴式3种经典架子的功法智慧，充分听取各路名家的意见，从中精选了24个难度较小、养气功效事半功倍的功法，历经两年雕琢，形成了这套《科学健身太极拳简明教程》(以下简称《教程》)。

三

太极拳植根于中华优秀传统文化。“易则易知，简则易从”。(《易经·系辞》)《易经》是中国文化的源头活水,《易经》语言和思辨方法长期支撑着中华民族的社会科学和自然科学。这种情况导致中国成为高语境国家，在气、阴阳、金木水火土（五行）等语言之外，存在着具体丰富的信息，需借助相应背景理解传统哲学语言的具体内涵。气是中国传统哲学的最高范畴，包括任何物质、精神，是物质和精神的太极统一。太极拳前辈对气的论述：气走于膜、络、筋、脉，气感偏重于腱性组织的黏弹张力。阴阳学说是中国古代朴素的对立统一论。气是阴阳的对立统一体。通俗地表述为：“合二为一是太极，一分为二是阴阳。”五行是中国古代朴素的系统论。传统太极拳用五行解读说明与对手对抗中功法虚实变转、方位变化等。

气—阴阳—五行统领贯穿着太极拳经典理论和经典传习语言，功法都表述为气、阴阳、五行的变化；对抗是与对手进行人刚我柔谓之走、我顺人背谓之黏的动态弹性虚实变转；敌我同样构成阴阳关系，太极拳不是打服对手，而是同对手形成阴不离阳、阳不离阴、黏即是走、走即是黏，阴阳相济的合二为一的太极整体；对手进攻如水上踩葫芦，终不得力，只能止战。

四

《教程》编写成稿后，我们在一定范围进行了教学试验。大家普遍认为，《教程》不仅忠实地挖掘秉承了传统，又立足于当代科技创新发展转化，功法简洁易学，健身功效事半功倍，安全性更有保障。不少学生短时间练习后，腰椎间盘突出、失眠、颈椎病、抑郁、焦虑等都得到不同程度缓解。

云南森丽再生资源有限公司、新加坡珍宝石油公司、北京尚善时代文化发展有限公司为本书编辑出版提供了支持帮助。衷心感谢中国石化出版社、中国经济出版社的领导和编辑为本书出版付出的心血。

河北省邯郸市政协委员、河北省武术协会副主席、邯郸市武术协会前任主席孙华冰，为本套功法创意作出了无可替代的贡献。抱憾的是，华冰于2023年12月因病早逝。谨此表示告慰和深切缅怀。

时代在变，太极拳也一直在守正中发展创新。把古朴的太极拳转化为科学健身太极拳教程，是时代发展的趋势和迫切需要，但尚无成熟经验可资借鉴，加上我们的水平有限，编写时间短，错误和不妥在所难免。敬请广大拳家和读者提出宝贵意见。

王志杰　闫卫东　翟世奎　霍忠超

2025年2月于北京

目录

CONTENTS

第一章

科学健身太极拳功法

第一式 预备式

一、功法要义

预备式是进入太极胜境的一扇门，习练者由动入静，由静入无，再由无入有，即由无极转太极。“太极者，无极而生，动静之机，阴阳之母也。动之则分，静之则合。”（王宗岳《太极拳论》）

用意：守我之静待彼之动。

健身功用：开会阴、通百会、活经络，解烦去疲。

二、动作要领

1

入无极。面朝正南。双脚并拢，自然站立，脚尖舒适内扣，脚掌放松踏实（注1）。松肩垂臂，两掌心向内扣于两髋外侧，自然下垂，舒展眉心，心静体松（注2）。

2

转太极。松身内敛，气沉丹田（注3）。松右髋（注4）。重心落于右脚，压实右腿。

抬左腿向左横跨，脚尖点地，与肩同宽。

3

以静御动。悬顶（注5）上拔，起身立腰，左脚下踩，由脚掌到脚跟缓缓踏实，身体徐徐立起。双臂自然下垂，双手仍扣于两髋外侧。平视前方。

注

（1）踏实：并非用肌肉强直收缩，而需用肌紧张收缩弹性力量。

（2）体松：是周身关节处于功能位，周身肌肉保持动态弹性，而非完全懈怠不用力。

（3）气沉丹田：意念下导，重心下沉，身体各关节放松。

（4）松右髋：收右腹股沟，肚脐向膝盖靠拢。

（5）悬顶：即虚领顶劲，保持颈曲，颈后放松贴向衣领。

第二式 起式

一、功法要义

预备式是入太极拳之“门”，起式是“门帘”，需出手接对方来劲，进入“无人似有人”的意境。

用意：设敌双手正面推我，我即起两臂用双手黏化（注1）其肘腕，破其来劲，随翻掌拿（注2）其腕下挫。如其后撤，我则借势攻之，或挤或按，引进落空，借力打力。

健身功用：开合任督二脉、十二经络及相关穴位，平衡阴阳，协调五脏，活化气血。

二、动作要领

1

曲身上托。接前式（后不重复）。重心下沉，身体向下微蹲，两臂外旋上提，两手内合（注3）上托，掌心向上，五指曲展朝前，两掌相距约一拳宽，与肩同高，状如托球。

沉肩坠肘，含胸拔背，松腰沉髋，目视双手方向。

2

立身下按。重心上提，身体起立。同时，两臂内旋，带双手翻掌下按至两髋旁，两臂微曲，手背向上，手指朝前，坐腕展指（注4），悬顶立腰。

朝向正南，目视前方。

诀

预备式开曲直间，
由无到有听自然。
起式托按臂要旋，
一上一下阴阳转。

注

（1）黏化：贴住对方加以引导，化解其力。

（2）拿：控制对方的接触部位，使其被动不得力。

（3）内合：双手往一起合拢。

（4）坐腕展指：手腕外翻，撑开掌根，掌心内含，五指打开外展。

第三式　左右懒扎衣

一、功法要义

左右懒扎衣是本套功法的母式，其意如将衣服束住。关注点在腰，将意收于腰再出于腰。

用意：设敌从左（右）侧用拳来击，我即向左（右）前出脚，双手掤接其肘腕，随用挤、搬、按法化其力，败其势。

健身功用：开合命门穴、关元穴、夹脊穴、膻中穴、合谷穴、神门穴和内外劳宫穴等，舒筋活络，滋养气血，提高免疫力。

二、动作要领

（一）左懒扎衣

1

左掤。目光左顾，身体微左转，重心落于右脚，沉右髋提左脚向左前上步，脚尖上翘，脚跟着地。同时，上提两手外旋双臂，自胸前向左上方掤（注1）出。

两手心侧向内，左手在外偏上，高与肩平；右手在内偏下，齐胸护心。朝向东南，目视双手方向。

2

挤。双臂内旋，翻掌坐腕，掌心向外挤（注2）出。目视双手方向。

3

搌。沉右髋（注3），重心微下沉，回搌（注4）双手至左髋上方。目视双手方向。

4

按。右脚跟蹬地，左腿前弓，左脚掌落实，重心随之前移，成左弓步。同时，两手竖掌徐徐向前按（注5）出，左手高与肩平，右手稍向胸前下方推。

5

跟随合手。方向不变，两手同时竖掌下落，当与两髋相平时向左右分开，再向上划弧。

竖掌合于胸前，成推球状。

当两手即将向上划弧时，两腿即变为左实右虚。两手向前推展，右脚向前跟步至左脚旁，约一脚距离（后面的类似步法也按此掌握），脚尖点地。

同时，双手外旋，横掌向前推出。朝向东南，平视前方（此动作既是攻中有防，防中有攻，又是与后式连接转换的过渡，统称“跟随合手”，为本套功法常用式）。

（二）右懒扎衣

1

右转合手。重心不变，右脚后撤半步，脚尖点地；扣左脚向右转45°。

两臂向左划弧落于右髋上方，右脚提至左脚踝旁。目视右前方。

2

右掤。沉左髋提右脚向右前迈出，脚尖上翘，脚跟着地。同时，上提两手外旋双臂，自胸前向右上方掤出。朝向西南。目视双手方向。

3、4、5同左懒扎衣，只是方向相反。

诀

母式左右懒扎衣，
先左后右因他变。
立定脚跟竖起脊，
掤挤攌按不间断。
跟随合手如秋千，
荡它就在换中变。

注

（1）掤：手臂动作是以小臂内旋带动手背外翻，掌心朝内，五指屈展，如托抱婴儿，前手扶头后手托臀，向侧前方送出，高不过目，低不过胸。

（2）挤：将掤出的手臂外旋翻掌坐腕，掌心朝外，五指屈展，高低不变。

（3）沉右髋：肚脐向右膝靠，合住右腹股沟，反之亦然。

（4）攌：是太极拳的专用字。挤手不变，向外向下划弧落于腹前。

（5）按：将攌手提至胸前，弓步向前上方推出。

第四式　单鞭

一、功法要义

单鞭式由右懒扎衣接“跟随合手”转换而来。“跟随合手”运行如“圆规”，实脚为轴心，虚腿如规，以腰带身，以身带臂，可转45°、90°、180°或270°等不同角度，因式而用，灵活掌握。下接单鞭式的旋转为90°，定式的方向是东北向。

用意：设敌从左后方来袭，我即向左转身挥双臂出手接化，以搌挒劲将其引空，再上左脚出左掌击其要害部位，成右搌左劈。

健身功用：拉带脉，开足三里、血海、孔最、少海等穴位，健脾养胃通便。

二、动作要领

1

左转合手。重心不变，提左脚向左后跨半步，脚尖点地。

以右脚跟为轴，脚尖内扣，身向左转，面向正前。

两臂同时回旋，带双手内合于胸前，右手在上、左手在下。两腿仍为右实左虚。目视双手。

2

上步承接。沉右髋提左脚向左横跨，脚尖上翘，脚跟着地。同时，两手划弧徐徐向左右分开。目视前方。

3

左弓右鞭。右脚跟蹬地，左腿前弓，重心前移，腰向左转。两手继续左右分开，与双脚上下合齐，左手竖掌高不过眼，右手平掌指尖朝前与肩相平。朝向东北，目视左手。

第五式　提手上式

一、功法要义

提手上式关键在于扣脚转身与合手。要意守左肩，将重心落在左脚，上下对拔形成竖轴，再扣脚转合身、合抱双手。

用意：设敌出拳迎面击来，我即向右转身，用左手掤黏其肘腕，出右手攻按其肋部。

健身功用：开合肩井穴和涌泉穴，抻拉手三阴经，养心护心。

二、动作要领

1

扣脚合手。脚尖内扣落平，身随右转。

两臂内旋相合，左手向上至眉前，右手提至胸前，双手掌心向内，横掌相向。

提右脚至左脚踝旁，脚尖点地。目视左手方向。

2

上步提手。沉左髋提右脚上半步，脚掌着地。两手随身转而动，左手外旋掤举至额上方，手心朝外；右手竖掌前推，高不过胸，远不过脚尖，掌心向前。朝向正南，目视前方。

第六式　# 白鹤亮翅

一、功法要义

白鹤亮翅需意守丹田（注1），以腰带身，先蓄后放，蓄得住才能放得开。

用意：设敌用左手向我胸口击来，我即抬右臂出手掤黏其肘腕，左手从右臂下方穿过击对方左肋，松肩坠肘（注2），旋臂开腋（注3），形如“白鹤展翅”。

健身功用：开合关元穴和命门穴，抻拉手、足三阴经，调和心肾，强健腰脊。

二、动作要领

1

左合内收。重心不变，身体微向左转，带双臂内旋合抱于胸前，左手在上、右手在下，掌心向内。右脚收于左脚踝旁，脚尖点地。目视左手方向。

2

上步右转。沉左髋提右脚向右前方上步，脚尖上翘，脚跟着地。同时，右手从左手外上提，经胸前举至额前上方成横掌，掌心向内；左手在右手上举时，变竖掌收至胸前。

3

右弓展开。左脚跟蹬地，腰向右转，右腿前弓，脚掌落实，重心前移，成右弓步。同时，左手竖掌徐徐向前推出，高与胸平，远不过脚；右手外旋横掌上翻坐腕，掌心朝外，与左手一前一后、一上一下，形成对拉。

朝向西南，目视左手。

4

跟随合手。目光仍平视右前方。右手微向前伸，右肘下垂，两手同时竖掌下落，做“跟随合手”。

诀

转身合手拉单鞭，
左脚内扣提手按。
回来再把白鹤亮，
跟随合手又一遍。

注

（1）意守丹田：以意导气，收于丹田。

（2）松（沉）肩坠肘：肱三头肌以尺骨鹰嘴为定点弹性收缩，弹性拉长喙肱韧带、喙肩韧带和关节囊，赋予肩关节充足弹性应力。

（3）旋臂开腋：臂向外旋转，腋窝随之打开。

第七式 搂膝拗步

一、功法要义

右脚内扣90°，向左后方上步。此式为斜进正打，谓：“立身中正顶头悬，斜进正打走螺旋。”此式的关键在腰的左旋右摆，欲左先右，欲右先左，开合有间。

用意：设敌自身后袭我，无论用手用脚，我即翻身轮臂黏化，再上步先搂后按将对方击开。

健身功用：开合带脉，活血化瘀。

二、动作要领

（一）左搂膝拗步

1

左转合手。重心不变，左脚向左后旋跨（注）半步。

注

旋跨：以实脚为圆心，以腰带动虚脚划弧前后左右移动，以便转身。

以右脚跟为轴、脚尖内扣，腰向左转，带双臂左旋右绕划圆。

两手同时随身旋转内合，右手收于右耳旁，掌心向内；左手平掌收于右胸前，掌心向下。目视右手方向。

2

拗步出迎。沉右髋提左脚向左前方迈出，脚尖上翘，脚跟着地。两腿为右实左虚。目视前方。

3

左搂右按。右脚跟蹬地，腰向左转，弓左腿，重心前移，成左弓步。同时，左手经腹前向左下方搂按至左膝外侧，手心向下。

右手由耳旁下划，随腰转经胸前竖掌前推，掌心向前，高与口平，远不过脚。朝向东北，目视右手方向。

（二）右搂膝拗步

1

收身合手。松左髋，沉重心，腰向左转；右脚提至左脚踝后侧，脚尖点地。两腿为左实右虚。

正面

背面

双手随身内旋外翻，左手合于左耳旁，掌心向内，右手合于左胸前，掌心向下。目视左手方向。

2

2、3动作和要领与左搂膝拗步相同，只是左右方向相反。定式朝向东南，目视左手方向。

背面

侧面

正面

第八式　肘底捶

一、功法要义

肘底捶动作幅度较小，靠腰劲运化，左转右旋带动四肢，一开一合，双手握固（注），内抱外撑。

用意：设敌用左手向我击来，我即抬左手接化，并攥拳回击其面。同时，出右拳击对方左肋。

健身功用：攥拳握固可凝神固元。

二、动作要领

1

旋腕握固。重心不变。腰微左转，带动左手外旋划一立圆。

右手握固内收，两腿仍为右实左虚。目视左手方向。

注

握固：以拇指扣在手心，其余四指握住拇指。

2

内裹上顶。坐实右腿，提顶立腰。左手握固上顶，右拳从腰际击至左肘下；同时，提左脚上前半步，脚掌着地。朝向正东，目视左手方向。

3

跟随合手。松右髋，双手随身竖掌下落，做“跟随合手”。目视前方。

诀

扣脚左转手划圆，
手收耳边左顾盼。
出步搂膝左掌按，
左旋右转拗步上，
右手搂膝左掌按。
左手外旋右手回，
肘底看捶撞腰间，
跟随合手紧相连。

第九式 倒撵猴

一、功法要义

倒撵猴是被动中求主动，应急而变，随机而动。以腰带身，臂手相随，左右相顾，整而合一，用的是扫劲和砍劲。

用意：设敌自我左（右）后方来袭，我即向左（右）转动挥臂接化，用左（右）手採、右（左）手按将其击开。

健身功用：抻拉带脉、肝经和胆经，开合章门穴、京门穴和八髎穴等，疏肝利胆。

二、动作要领

（一）左倒撵猴

1

左旋合手。重心不变。左脚向左后旋跨半步，脚尖点地；右脚内扣（注1）45°，身向左后转。

侧面

背面

同时，左掌随身转横掌护于右胸前，掌心向内；右掌向右上方划弧提至右肩上方，掌心向内。目视左手方向。

2

上步左顾。左脚向左后方迈出，脚尖上翘，脚跟着地。目视左后方。

侧面

背面

3

弓步开掌。右脚跟蹬地，腰向左转，左腿前弓，脚掌落实，重心前移成左弓步；同时，左手随身转动划弧下采（注 2）；右手竖掌前推，高与肩平，远不过脚。朝向西北，目视右手方向。

背面

侧面

4

跟随合手。松右髋下沉，双手竖掌随身下落，做“跟随合手”。

注

（1）内扣：以脚跟为轴，微抬脚尖向内旋转。

（2）采：用手抓拿。

（二）右倒撵猴

1

右转合手。右转，重心不变。右脚向右后旋跨半步，脚尖点地。

背面

侧面

左脚内扣90°，身向右后转。

同时，腰带双臂划弧，右手横掌落于左胸前，掌心向内；左手提至左肩上方，掌心向内。目视右手方向。

2

出步右盼。提右脚向右前方上步，脚尖上翘，脚跟着地。目视右方。

3

右弓开掌。左脚跟蹬地，右脚掌平落，右腿前弓，重心前移成右弓步；同时，右手随身转动划弧下撑，左手竖掌向前推出。朝向东南，目视左手方向。

诀

左脚后移右脚转，
双手划圆落右肩。
松腰沉髋左上步，
左採右按如劈山。
跟随合手式间连，
向右撵猴又一番。

第十式　海底针

一、功法要义

海底针需承前式之开，蓄后式之合，向后右抱左勾，以腰运带。

用意：设敌自身后抓我衣领或头颈，我即反出右手扣抱其颈，左手由左下侧向后勾掀，击其裆部，弯腰下肩将对方背摔。

健身功用：抻拉督脉，开合大椎穴、八髎穴和长强穴等，通督脉，强固腰肾。

二、动作要领

1

右旋围颈。重心不变。腰微右转带左脚于右脚旁，脚尖点地。

右臂外旋向后划弧。

翻掌抱颈，左手随势落向右髋上。目视左手。

2

左转后勾。身向左回旋下沉，左臂外旋。

带左手翻掌勾向后腰。

同时，沉右髋提左脚向前半步，脚掌着地。目视前下方。

3

弓腰背捧。稳住重心，拔腰展背向前下弓。

右手由后绕头顶向前下按压，坐腕展指，掌心朝下；左手顺势由后腰向上勾。两腿仍为右实左虚。朝向正东，目光平视。

诀

猴急叫来海底针，
右手抱项如围巾。
左手背后向上勾，
弓腰下按摔尔身。

第十一式 扇通背

一、功法要义

扇通背，顾名思义：像扇面打开一样节节相随，掤、黏、接、化、打，依次连绵贯穿，一气呵成。

用意：设敌用右手来击，我急将双手由前往上提掤，用右手腕外旋黏其右肘腕，提左手竖掌按其肋部。

健身功用：开合夹脊穴、膏肓穴，抻拉手、足三阴经，疏心理肺，活化气血。

二、动作要领

1

起身护额。重心不变，提臂立腰。左脚收于右脚踝旁，脚尖点地。

身带双手合于额前，右手在外、左手在里，掌心朝内。目视双手方向。

2

左顾横上。沉右髋提左脚向前上步，脚尖上翘，脚跟着地。目视前方。

3

腰转背开。右脚跟蹬地，腰向左转，左腿前弓，脚掌落实，重心前移成左弓步。同时，两臂外旋打开。

右手向上掤至右额上方，旋掌（注）上翻，掌心朝外；左手旋掌坐腕，竖掌向前推出，掌心朝前，高与眼平，远不过脚。朝向正东，目视左手方向。

诀

海底针挑扇通背，
下沉上掤有防备。
右手黏化左手打，
似扇开合展胸背。

注

旋掌：以臂运腕，以腕带掌，内外旋转。

第十二式　云手

一、功法要义

云手连接扇通背，转换就在开合间。扇通背落下，云手旋起来。两式开合的区别在于：扇通背的扇骨向上打开，云手的扇骨向左右侧向打开。

用意：设敌自前用脚袭来，我即撤身后坐，扣收左腿护裆，急用左手下抄抱其腿，起右手抄黏敌脚跟，双手以抄带搬，就势将对方掀出。

健身功用：开合悬枢穴、命门穴、阳关穴、气海穴和关元穴等，舒展十二经络，祛病强身。

二、动作要领

1

收身后坐。沉右髋身体回坐（注1），重心后移，左脚随身收至右脚旁，脚尖点地。

同时，右手向下划弧收至右髋后，左手由上向下划弧抄（注2）至左髋上侧。目视左前方。

注

（1）回坐：重心后移，沉后腿髋部，有下坐之意。

（2）抄：手心向上，由下向上移动，如水中捞物。

2

下抄上抱。沉右髋提左脚向前迈步，脚尖上翘，脚跟着地。同时，左手内旋提至胸前，掌心朝内；右手内旋提推至右髋前，掌心向上。目视左手方向。

3

弓步撩翻。右脚跟蹬地，左腿前弓，脚掌落实，重心前移，成左弓步。同时，左手外旋翻掌向前推出。

右手外旋上推至腹前。朝向正东，目视左手方向。

4

右转抄撩。重心不变。左脚内扣，腰向右转，身体转至右前方；右脚跟提起，身向右转。

同时，左手向下划弧抄至右髋旁，右手下抄上撩至右胸前。目视右手方向。两腿为左实右虚。

5

提腰推按。沉左髋右脚跟落地，左腿蹬地拔腰，右腿伸直、脚尖上翘。右手坐腕竖掌前推，左手在右髋上方外旋横掌下按。朝向西南，目视前方。

诀

扇合风停出云手，
右闪左转防中守。
下抄上撩扬手翻，
守中有攻声声吼。

第十三式　左右高探马

一、功法要义

高探马接云手的转换点在右脚的起落，右脚离地内扣，脚尖踏地落实，身体内裹，双手合抱，蓄势待发，为高探马做好铺垫。

左式用意：设敌用左手击来，我即用左手黏住其小臂，速起右手击对方面部，如抚马背摸马头。右式意同。

健身功用：开合夹脊穴、膻中穴、合谷穴和神门穴等。

二、动作要领

（一）左高探马

1

左旋换脚。沉左髋提右脚。

身向左转，带双臂左旋划弧，落右脚内扣，替换左脚。

2

收身合手。右脚下踏落实，左脚合至右脚踝旁，脚尖点地。同时，双手随双臂左旋右绕合抱于右髋上，左手在下、右手在上，掌心相对。目视双手。

3

向左上步。沉右髋提左脚向左前迈步，脚尖上翘，脚跟着地。同时，左手向前外抹至腹前，掌心向上；右手合于胸前，掌心向内。目视前方。

4

弓步左探。右脚跟蹬地，左腿前弓，脚掌落平，重心前移成左弓步。同时，腰向左转，带左手外旋向左前抹至与左膝齐，掌背下压，掌心向上，高与腰平。

右手旋掌坐腕，向右前上方推出，高与肩平。朝向东南，目视右手方向。

（二）右高探马

1

扣脚右转。重心不变，左脚内扣，身向右转。

2

收脚合手。提右脚合于左脚踝旁，脚尖点地。双手相合抱于腹前，左手在上、右手在下，掌心相对。目视双手。

3

向右出步。沉左髋提右脚向前迈步，脚尖上翘，脚跟着地。同时，左手随身左转合于胸前，掌心向内；右手向下划弧抹至右腹前，掌心向上。目视前方。

4

弓步右探。左脚跟蹬地，腰向右转，弓右腿脚掌落平，重心前移，成右弓步。

同时，右手向右前抹至与右膝齐，左手旋掌坐腕，向左前上推出，高与肩平。朝向西北，目视左掌。

诀

云手牵出高探马，
右换左脚把根扎。
抱球出步腰带手，
一左一右横掌发。

第十四式　左右分脚

一、功法要义

左右分脚，分出自合，先要合得住。合是立体的、球状的、整体的，分也是如此。分脚的重点不在脚而在腰、丹田处发力，腿如甩鞭劲到脚尖，所谓“三虚抱一实”（注）。

左式用意：设对方用右手反握我探出之左腕，我即向右侧身回握，黏住其腕暗使採劲，坐实右腿，用左脚踢其右肋。右式意同。

健身功用：开合印堂穴、膻中穴和关元穴，凝神理气固元。

二、动作要领

（一）左分脚

1

收身合抱。重心不变，收左脚于右脚踝旁。双手合抱（高不过额，低不过胸口），左手在外、右手在内，掌心向里。目视左前方。

注

三虚抱一实：“三虚”指向外踢出去的脚和劈出的双掌。“一实”指支撑腿。“抱”意为踢脚和劈掌之力均出自支撑腿。

2

起身左踢。沉右髋抬左腿。

带左脚向左前上方踢出，力达脚尖。双手随两臂外旋向左右分劈，力达掌根。目视左手方向。

3

落脚左按。左脚回落向左前迈出，脚尖上翘，脚跟着地；右腿随势屈蹬，重心前移，成左弓步。同时，两手下按至两髋旁。朝向西南，目视前方。

（二）右分脚

1

抱臂守中。重心不变，沉左髋收右脚于左脚踝旁。

侧面

背面

背面

侧面

同时，两臂合抱，双手交叉上抬（高不过额，低不过胸口），右手在外、左手在内，手心向内。目视双手。

2

中开右分。悬顶立腰，抬右腿带右脚向右前上方踢出，高度根据体能弹性掌握。

侧面

背面

背面

侧面

双手随两臂外旋向左右分劈，力达掌根。目视右手方向。

第十五式　野马分鬃

一、功法要义

野马分鬃，势如野马迎风分鬃，轻灵舒展，闪转飘逸。上接左右分脚，先合后分，先沉后起，一合一开，一落一起，连绵不断。

右野马分鬃的用意：设敌自右侧用左手向我击来，我即将身下落，微左转，用右手将敌左腕黏住，向左下松沉，再用左手采挒（注1）其右腕，上右脚弓步带右小臂向对方腋下分去，同时左手向后分开。左野马分鬃意同。

健身功用：开合夹脊穴、膻中穴和膏肓穴等。

二、动作要领

（一）右野马分鬃

1

收脚顾手。重心不变，松左髋沉尾骶，落右脚于左脚踝旁，脚尖点地。

身微左转，双手合抱于左髋上方，左手在上、右手在下，掌心相对。目视双手。

2

出脚右上。沉左髋提右脚向右前方迈出，脚尖上翘，脚跟着地。目视左手。

3

弓步右分。左脚跟蹬地，腰身右转，重心前移，成右弓步。同时，两臂左右上下划弧打开。

左手在后，掌心向下划按至左髋旁；右手在前，外旋掤托（注2），掌心向上，高与肩平，远不过脚。朝向西北，目视右手方向。

（二）左野马分鬃

1

收身盼手。重心不变，腰微右转，松右髋提左脚于右脚踝旁。双手合抱于右髋上方，右手在上、左手在下，掌心相对。目视双手。

2

2、3同右野马分鬃，只是方向相反，定式朝向西南，目视左手方向。

注

（1）挒：搌到尽头便是挒，如杖擀面，用小臂碾轧对方臂膀。

（2）托：手掌外旋，随臂上移，至与肩同高时停住，如托一物在手。

第十六式 金鸡独立

一、功法要义

金鸡独立需先沉后起，先蓄后发。

右金鸡独立的用意：若对方后撤并拽住我左手，我即顺势起身向前攒起（注），提右脚向敌腹部踢去，右手握拳向上击其要害处，左手顺势下按护裆，并助身上攻。

左金鸡独立的用意：设对方又用右拳打来，我右手随右脚沉下拦压其手、踩其脚，速起左手攥拳击其咽喉；同时，提左脚踢敌腹部，一气呵成。

健身功用：开合环跳穴、足三里、涌泉穴等。

二、动作要领

（一）左金鸡独立

1

左带脚跟。重心不变，腰身继续左转，带右脚至左脚踝旁，脚尖点地。目视左手。

注

攒起：将身体聚拢，再迅速向一个方向冲击。

2

合手栽桩。双手合于胸前，右手握拳，拳心向左，左手横掌，掌心向内。压实左腿。目视双手。

3

左採右立。沉左髋提右腿顶膝，脚心内收。同时，右拳内旋上托至鼻尖高度，拳心向内；左掌向下按至左髋旁，虎口朝内、掌心向下。右膝与右肘相合。朝向正西，目视右手方向。

（二）右金鸡独立

1

沉右蓄左。松右髋重心移向右脚，左脚收于右脚踝旁，脚尖点地。双手内合于腹前。目视双手。

2

2、3同左金鸡独立，只是左右方向相反，定式朝向正西，目视左手方向。

诀

合身含抱意守中，
左右分脚紧又松。
气沉丹田定盘星，
落下重心分马鬃。
腰开双臂交叉分，
一左一右要分清。
攒回胸前立金鸡，
下踏上顶左右更。

第十七式　玉女穿梭

一、功法要义

玉女穿梭有隐藏不露、含苞待放及灵巧机敏之意，两手相掩相护、一阳一阴、左右穿打。

左玉女穿梭的用意：设有人从左侧用右手劈头打来，我即身微右转，屈膝落下左脚，急用左腕黏其右小臂向右上掤起，同时出左脚转腰弓步，带右手从左臂下向对方右肋按去。右玉女穿梭意同。

健身功用：抻拉带脉，开合夹脊穿、膏肓穴、极泉穴和膻中穴等。

二、动作要领

（一）左玉女穿梭

1

落身合手。重心下沉，落左脚于右脚踝旁，脚尖点地。

腰身微右转，左拳变掌内旋下落，右掌外旋向上环绕，双手合抱于腹前，左手在下、右手在上，掌心相对。目视双手。

2

上步左盼。沉右髋提左脚向左前迈出，脚尖上翘，脚跟着地。目视左前方。

3

弓步穿梭。右脚跟蹬地，腰左转，弓左腿踏实左脚，重心前移成左弓步。同时，双手上下前后交叉划弧，左手上掤至额头前上方，右手竖掌从左臂下推出。朝向西南，目视右手方向。

4

跟随合手。沉右髋坐闾（注），重心后移，两手同时竖掌下落，做“跟随合手”。

注

坐闾：尾骶下沉，如坐板凳，似坐非坐。

（二）右玉女穿梭

1

扣脚右转。重心不变，右脚向右后方旋跨，脚尖点地。

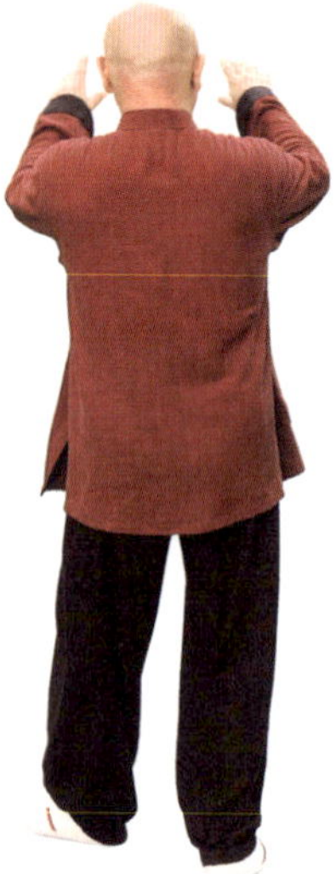

左脚内扣180°，身向右转。目随身移。

2

收身合手。两臂右旋带双手划弧合抱于胸前，左手在上、右手在下，掌心相对。目视右前方。

3

同左玉女穿梭，只是左右方向相反，不再做“跟随合手”。定式朝向东南，目视左手方向。

第十八式　单鞭下式

一、功法要义

单鞭下式关键在“下”，如何下得去全在腰腿上。开裆先开脚，开脚用碾（注）摆，身如袋中水。

用意：单鞭出左手时，对方用右手将我左手握住，我即将右腿向右后分开下坐，左手内旋收至胸前，以牵彼蓄我就势击之。

健身功用：开百会穴、会阴穴、八髎穴和长强穴。

二、动作要领

1

跟步蓄势。重心不变，腰微右转，提左脚至右脚踝旁，脚尖点地。两臂内旋带双手交叉合于胸前，左手在内、右手在外，掌心朝下。目视双手。

注

碾：以脚掌为轴心，脚跟向外搓转。

2

左上待发。沉右髋提左脚向左前迈出，脚尖上翘，脚跟着地。目视双手。

3

甩出单鞭。右脚跟蹬地，腰左转，左腿前弓踏实左脚，重心前移，成左弓步。随弓步两臂外旋，双手左右划弧对拉，成单鞭式。目视左手方向。

4

坐成下式。右脚外摆，下坐右腿，腰微右转，重心移向右腿；左腿前伸，脚尖内扣，不得上翘。

双臂随身下落，右掌下按至右髋外侧，左掌掌心向下俯向左脚，虚领悬顶。朝向东北，目视左手方向。

第十九式　上步七星

一、功法要义

“七星”是指北斗七星，形如勺状。对应人体寰枕、颈胸结合、胸腰结合、腰骶结合、尾椎、膝和踝等七处关节。上步七星是把这七处做成曲中求直“七星”状，也如“卧如弓”的“弓”状。

用意：设敌用右手自上向我劈来，我即起身向前进，两手变拳交叉外架，拳心朝外以备扣手擒拿（注）。

健身功用：开合上述七个部位的穴位，强健脊柱和腰腿。

二、动作要领

1

左弓上引。腰微左转上提，扣右脚，左腿向前弓步，重心移向左腿。左手向上抬至与肩平，右手随身落至右髋后侧。目视左手。

注

拿：掌心朝外抓住并控制对方。

2

先松后上。沉左髋提右脚至左脚右前方，脚尖点地。

3

恭敬七星。沉左髋提右脚向前跨半步，右手变拳向上提至胸前，左手变拳向右拳内交叉，拳心向外。

双拳齐向胸前上方掤出，高与肩平。朝向正东，目视前方。

诀

玉女穿梭来得巧，
含苞待放羞中找。
跟随合手凑热闹，
穿梭如织出奇妙。
先左后右甩单鞭，
下式上步七星照。

第二十式　退步跨虎

一、功法要义

退步跨虎接上步七星，一上一退，连绵不断，劲力全在腰髋。退向右转，转中有肘（注1）、靠（注2）；跨向左旋，跨中有绊（注3）。

用意：设对方用左手击来，我即将两腕黏在其两腕里，左手往左下挒开，右手往右侧上方黏起，两手心外翻；右脚往右后退一步，左足随之跟提，脚尖点地，扭腰绊摔，坐实右腿成“跨虎”状。

健身功用：开合肩背、胸及相关穴位，调和心肺，疏通气血。

二、动作要领

1

退跨右靠。重心不变，腰微右转，右脚向后退跨，沉右髋，重心移向右腿。右臂肩随身向右后肘、靠，双拳收于右肩前。目视双拳。

2

下绊上掀。稳住重心，两拳合于胸前。

再左右斜向横划，右手向右上开掌至右肩右前侧，高与肩平；左手向左下按掌于左髋左前。

同时，左脚随身向右扫绊，收于右脚前半步，脚掌着地。朝向正东，目视前方。

注

（1）肘：用肘部向后击打。

（2）靠：用肩背向前或向后撞击。

（3）绊：以腰带腿、脚横向贴地摆动，如帚扫地。

第二十一式　转身摆莲

一、功法要义

转身摆莲重在“转”上，转需有轴，在上是顶，在下是脚，在中为腰。用顶为领，用腰为松，用脚是先脚跟后脚尖。轴能成，摆则灵。

用意：设敌自我身后用右手打来，万急之时，我即以右脚为轴心，悬起左脚随身向右转，双手及左腿用旋风势向其上下扫去，转至原位紧将对方右手肘腕黏住，再绕敌之腕里往左搬挒，速用右脚背踢向对方右肋。

健身功用：抻拉全身经脉，开合相关穴位，提升精、气、神。

二、动作要领

1

扣摆转身。重心不变，左脚内扣，身体向右旋转135°，踏实左脚，并将重心移向左脚，再外摆右脚135°。两臂外摆随身右旋，双手一左一右分别收至右胸前和左腰后。

重心移回右脚掌形成支点。目光随身右转。

2

右转扫腿。随身转至270°时，左脚从后向前跨步至右脚左前落下，脚跟着地，身体随之转至360°。

同时，两臂右摆双手至右肩右上侧。目视左前方。

3

拧身摆莲。左脚踏实，沉左髋腰向右转。

提右脚先向左再向右旋摆，如划立圆。

两臂带双手向左下划立圆环绕，当右脚与手同时旋至最高处时，用右脚面踢拍双掌。朝向正东，目视手脚拍击处（如身体柔韧性达不到脚面踢拍双掌，有此势意即可，并不降低健身效果）。

诀

七星悬挂在天空，
何方仙人能说清。
退步要有腿上功，
右靠左挒跨虎成。
左脚勾绊斜横撑，
转身摆莲起旋风。
旋风起落有轴心，
以脚合手在风中。

第二十二式　弯弓射虎

一、功法要义

转身摆莲向上收要定得住，弯弓射虎向下沉要立得稳，一上一下，连绵不断。

用意：设敌往后撇身，我即将左右手顺其手黏去，再绕过其手腕向右侧旋转，握拳从左侧击出，右髋随向右后沉落弓步，身呈骑马射虎之势。

健身功用：开合胸背和髋腧穴。

二、动作要领

1

上步下捞。先将前势向上收住，重心下沉。

沉左髋右脚向右前上步，脚尖上翘，脚跟着地；双手顺势向下旋落至右髋前。

再攥拳捞至胸前相合，左手在上、右手在下，拳心向内。目视左手方向。

2

开弓射虎。左脚跟蹬地，腰微右转，弓右腿右脚踏实，重心前移，成右弓步。同时，双拳向左前上方击出，左拳在外偏上，右拳在内偏下，上下对拔成拉弓状。朝向东南，目视双手方向。

第二十三式　双峰贯耳

一、功法要义

双峰贯耳接弯弓射虎，要一跟二沉三上步，沉得下才能起得稳，贯耳之势自然成。

用意：设敌自右侧双拳击来，我速将其两手腕往下左右叠压（注1），随将两手握拳由下往上，向对方双耳贯去，左脚同时向前迈出，弓步坐实，身呈进攻之势。

健身功用：开两肋两腋，抻拉相关经络，舒筋活络，调和血脉。

二、动作要领

1

提腿收身。重心不变。提左脚于右脚踝旁，脚尖点地；落双臂、收两拳于两髋旁。目视脚前。

2

贯耳在钳。沉右髋提左脚向前上步，左腿前弓，重心前移成左弓步，带动双臂外旋向上前方划弧。

两拳随势外翻内钳（注2）至额前，拳眼朝下，拳面相对。朝向正南，目视前方。

诀

风卷荷叶向上升，
海底捞月伸水中。
落稳收紧出弯弓，
瞄向左上射箭冲。
跟步一沉合全身，
上步双峰贯耳中。

注

（1）叠压：将我手腕压住对方手腕。

（2）钳：两拳以拳面相对向内击打。

第二十四式　收式

一、功法要义

此式为收官之式，由太极归无极，静心收身，自然如初。

健身功用：平心静气、收元固本、“三花”聚顶（注）。

二、动作要领

1

退步守心。重心后移，沉右髋提左脚收至与右脚齐、与肩同宽，脚尖点地，身体微屈。

双臂外旋上托。目视双手。

注

“三花”聚顶：精、气、神聚向头顶百会穴。

2

关门谢客。两臂外旋划弧下按，悬顶踏足，身体立直，双掌按至髋旁，坐腕展指。目视前方。

3

抱元守一。松右髋收左脚与右脚齐，脚尖点地，与右脚并拢踏实。

恢复自然站立状。同时，双手松开自然垂于髋旁，掌心内扣。曲指放松。朝向正南，目垂神收，复归无极。

诀

收势退步稳如松，
二十四式显真功。
若要身体驻青春，
相惜尽在缘分中。

第二章

科学健身太极拳习练口令

第一节　身法口令

功法是在舍己从人理念驱动下，用掤攦挤按技法实现人刚我柔谓之走、我顺人背谓之黏。无论是格斗功效，还是健身效能，都以身法作为基础。

一、虚领（灵）顶劲

从体侧看，下颏微抬，颈后部肌肉像受寒缩脖状略收紧，颈部呈前凸后凹自然竖曲，百会穴—丹田连线从枕寰关节后缘经过，头部以身体重心线为支点形成“平衡运动杠杆”（图1）。

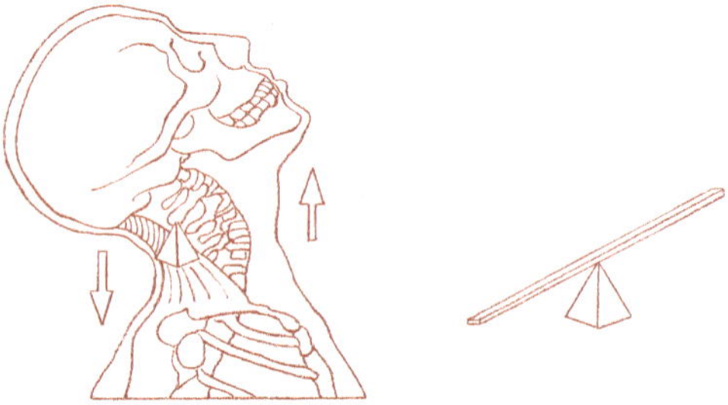

图1　虚领顶劲

二、含胸拔背

腹内外斜肌、竖脊肌、腹直肌、背阔肌、腹横肌等腰腹肌力线交会于胸腰深筋膜腰窝（图2），在腰窝处与深筋膜产生合力，动态弹性收缩腹腔体积；腹腔前后径、左右径弹性收敛，胸廓前后径加大、左右径减小，倒逼胸腔体积扩大。

经典拳论要求：刻刻留意在腰间，腹内松静气腾然。运动学要求练功中时刻关注腰窝。左右腹内外斜肌、腹直肌不形成强直收缩，时刻保持动态弹性，以免降低腰椎关节弹性。前辈说：腰为一身之主宰，能松腰，然后两足有力，下盘稳固。腰弓曲度主要由左右竖脊肌腰段椎旁旋转肌维持。如果左右腹内外斜肌、腹直肌强直收缩，将致腹内压恒定、腰椎间盘失去蠕弹性，腰部因弹性下降难以放松，难以与髋肩形成协调运动。

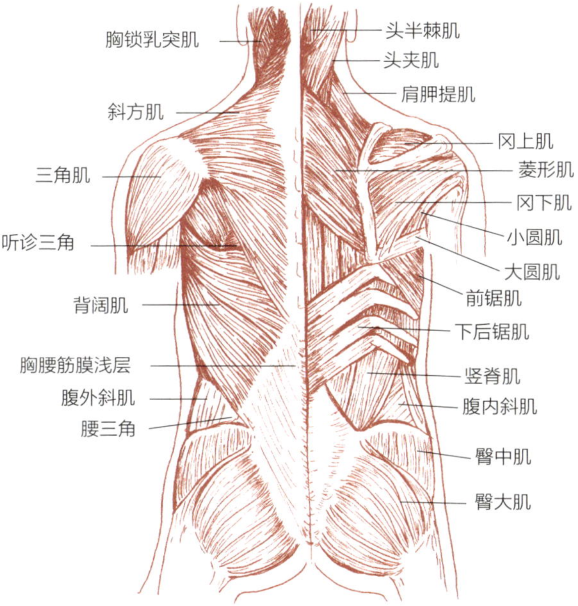

图2　背肌

三、沉肩坠肘、舒指坐腕

有准顶头悬，腰之根下株（尾闾至囟门）。上下一条线，全凭两手转。经典理论凸显了手臂与定轴功法，也厘清了太极与外家格斗差异。

（一）坐腕舒指、以气贯指

小臂与手背形成130°左右常态夹角，指掌大体保持拧广口瓶盖形状（图3）。

图3　坐腕舒指

（二）沉（松）肩坠肘

肱三头肌以尺骨鹰嘴为定点弹性收缩（图4），拉长喙肱韧带（图5）。肘关节保持90°左右常态，以保持最佳应力（图6）。

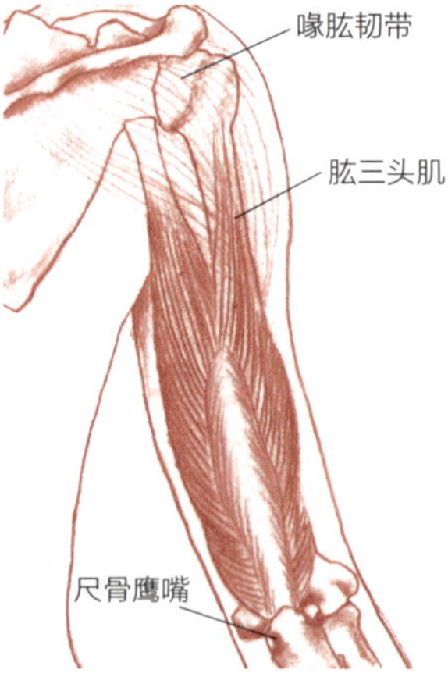

图4　体后

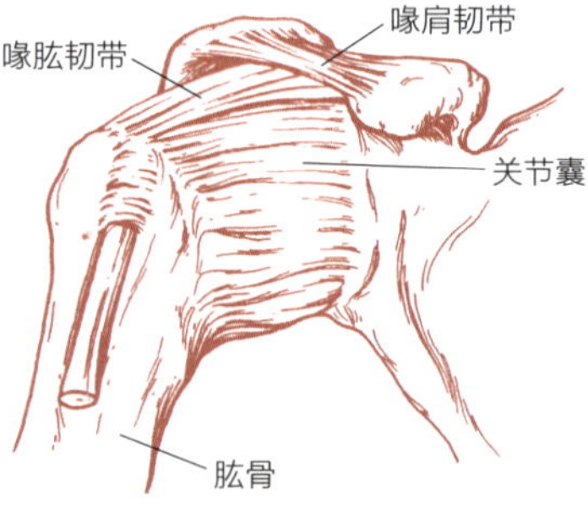

图5　肩关节前面

肘部贴近下肋骨游离，掌根贴近胸骨剑突。

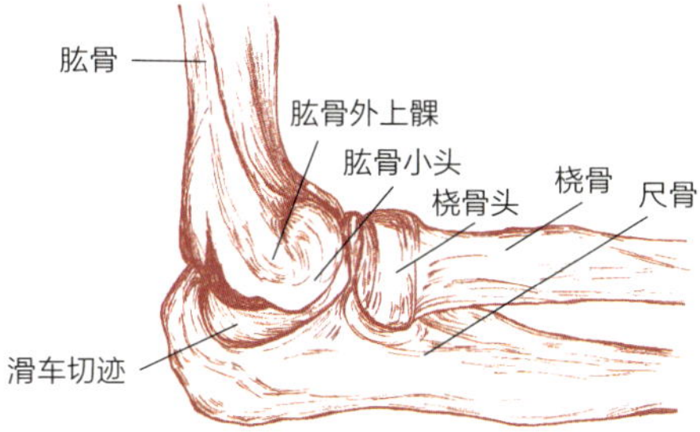

图6　肘关节

四、尾闾中正神贯顶

从正面和侧面看，百会穴—颈胸结合部—丹田连线略呈直线并与地面略垂直（图7）。

百会穴—丹田连线呈直线并与地面垂直，在练功中是随曲就伸、曲中求直、弹性动态的。不能模仿年轻运动员在练功中头颈躯干相对稳定的形态。

图7　尾闾中正

五、立如平准

（一）膝关节

膝尖在地面投影不超出脚尖，膝关节角度（弓）控制在150°左右，膝关节保持与足、踝、髋弹性耦合运动能力。身体重心略偏出承重脚足舟骨垂直上方。

（二）脚底如钻，劲起足跟

根据步法需要动态调节足底（脚跟、大脚趾、小脚趾）承载体重的支撑关系；动态调整脚尖朝向；脚掌踏实的内涵是保持饱满足弓（图8）；保持膝、踝、髋弹性舒适。

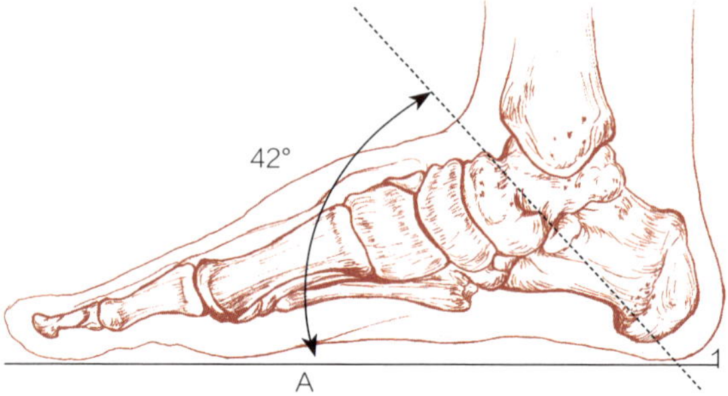

图8　足弓

六、气沉丹田

丹田即太极身法下身体重心的位置，大体位于第3骶椎前方7厘米处（图9）。丹田不是平面的，是立体圆球。随功法变化身体重心位置有相应变化。前辈对丹田的阐释：不偏不倚，忽隐忽现。不论是从物理学、运动学视角，还是按前辈的论述，丹田都不是某个解剖器官，也非固定投影位置，而是人体重心一样性质的抽象概念。从运动学理解，丹田对于周身其他部位，特别是四肢，具有牵动四两拨千斤的力量策动

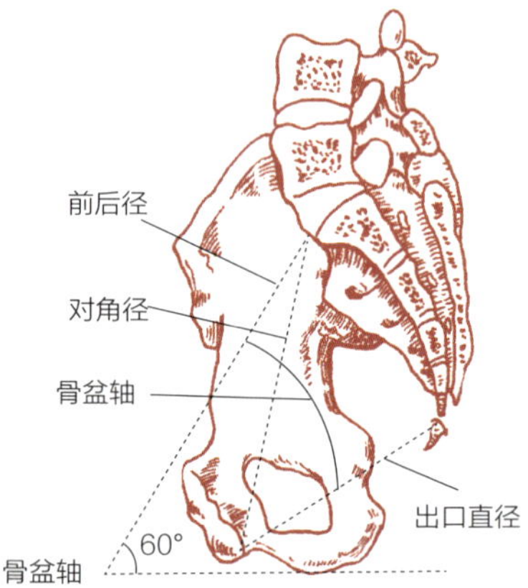

图9　骨盆径线

放大效应；丹田随左右腿股直肌、股外侧肌的协调收缩，像钟摆一样在左右脚涌泉穴的上方往复摆动，高效安全地策动周身完成功法。丹田的运动形态不是纸片上的平面移行，而是像地球一样，既围绕着自己的轴自转，也围绕着太阳公转。练功中，丹田不仅围绕自身中轴立体细微转动，同时围绕地面和缓转动移动。

借助量子生物学能科学理解气。气是超然于肉眼可见的肌肉、韧带、筋膜、肌腱、骨骼、关节囊等人体组织、器官的细微物质。

（一）在练功初期，气沉丹田的操作方法

股四头肌、臀大肌、臀中肌、臀小肌、竖脊肌、缝匠肌、腹横肌、背阔肌等优先增强肌紧张反射张力。这些张力连同骶髂韧带、髋与脊柱间韧带张力，作用于髂嵴、骶、髂等，既相互拮抗，又互相协调，力线交汇于丹田，在维持身体平衡稳定的同时完成功能运动。股四头肌是体内体积最大、张力最强的肌肉，其中的股直肌起自髂前下棘，止于胫骨粗隆，是跨越髋、膝关节的大肌肉；股外侧肌起自股骨外侧，止于胫骨粗隆，是维持膝弓的重要肌肉（图10）。实腿股直肌、股外侧肌练功中需保持较高张力。

竖脊肌是背部最长最大的肌，纵列于背部脊柱两侧沟内，起于骶骨背面和髂嵴后部，上达头部颞骨（图11）。其力线通过髂腰韧带和骨盆调制，与股四头肌的力线交汇于丹田。在练功中也须始终保持较强肌紧张反射张力，维持颈曲、腰曲、骶曲；维持百会穴虚悬于丹田垂直上方。上述肌是气沉丹田的主导力量；功法通过左右竖脊肌和左右腿股直肌、股外侧肌以丹田为枢纽协调收

缩完成。

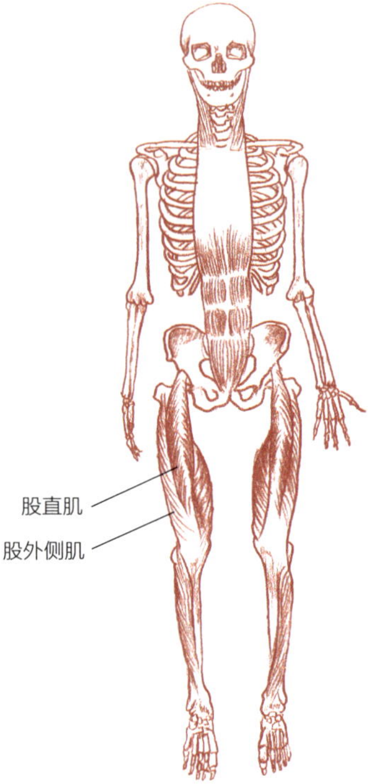

图 10　股直肌、股外侧肌

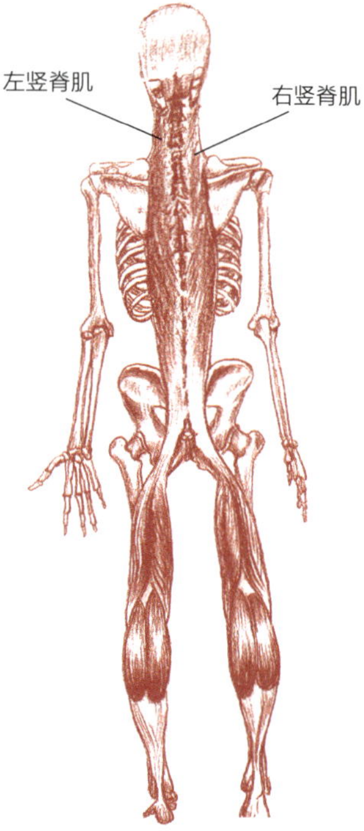

图 11　竖脊肌

（二）高阶功法操作

腱性组织没有自主收缩能力，在外力（包括重力、运动惯性、肌肉收缩力量）的作用下，产生抗阻力。气沉丹田、气敛入骨，意义在于使周身腱性组织产生较高的抗阻力，特别是较为厚实的腰部竖脊肌周围的筋膜和较粗壮的脊柱间韧带及髋周围的髂股、耻股韧带。这些抗阻力作用于骨膜。随功力提升，逐渐找到气（筋）感，将超然于肌、骨的气，向丹田汇聚。练架子时，通过运化体内阴阳二气，完成功法，做到以心行气、以气运身。

［**说明**］太极拳是一门独特的武术。外家拳的身姿和一般生理运动大体相同，通过中枢神经系统反射性控制维持平衡和攻防身姿。太极拳气敛入骨、敛入脊骨，练功中须时刻保持动态弹性的太极身法，否则就把太极拳练成了外家拳。

第二节　功法习练口令

一、预备势

自然站立，忘言守心，合身下沉，横跨左腿，脚趾着地与肩同宽，下踏立身，双手垂于髋侧。

二、起式

坐臀松肩，双臂外旋上托，旋掌展指与肩同高；翻掌内旋下按，悬顶拔腰立身，坐腕展指于两髋旁。

三、左右懒扎衣

1. 松右髋，稳重心，向左前迈左脚掤起双手；双手外旋掌根下坐，松腰沉髋，挤、搌、弓步前按。重心后移，坐右髋落双掌，划立圆合掌前推；重心随身前移，右脚跟于左脚旁，脚趾着地。

2. 沉重心，移右脚扣左脚，旋双臂右转，双手合于胸前；向右前迈右脚掤出双手，双手外旋掌根下坐，松腰沉髋，挤、搌、弓步前按。

四、单鞭

扣脚左转，旋臂合手，收身稳重心，迈左脚转腰弓步，两掌前后打开。

五、提手上式

扣左脚右转合手，收右脚松左髋稳重心；提右脚上半步，脚掌着地，左手外旋横掌上翻，右手竖掌前推。

六、白鹤亮翅

沉左髋合双手稳重心，向右前迈右脚成弓步，以腰带臂带手交叉打开。

七、左右搂膝拗步

1. 扣右脚旋臂左转，划弧合手，沉右髋稳重心，向左前迈左脚转腰弓步，左手前搂下按，右手竖掌前推。

2. 腰左转带双手左右上下划弧相合，沉左髋收右脚稳住重心，向右前迈右脚转腰弓步，右搂左推，坐腕开掌。

八、肘底捶

沉右髋，提左脚上半步脚掌着地，左手向上右手向右，合胸出拳。

九、左右倒撵猴

1. 移左脚扣右脚，旋臂左转合手于右肩，迈左脚转腰弓步，左采右推开掌。

2. 扣左脚向右转，旋臂划圆合手于左肩，向右前迈右脚转身弓步，右采左推开掌。

十、海底针

松右髋，以腰带身，双手合于后背，提左脚上半步脚掌着地，（先裹后揭）弯腰下背，前按后勾。

十一、扇通背

直腰坐间，抬手上合，沉右髋稳重心身向左转，迈左脚转腰弓步，上旋两肩，带双手左按上托扇形打开。

十二、云手

1.后坐右腿收扣左脚，左手下抄上撩、右手旋落合于左髋，沉右髋，向前迈左脚弓步提腰前推。

2.扣左脚右转，右手抄撩、左手相随，右脚跟离地随身右转，沉左髋稳重心，双手合于右髋；蹬左腿悬顶拔腰，落右脚跟推开双掌。

十三、左右高探马

1.沉左髋提右脚旋双臂左转，扣落右脚，重心右移扎稳，双手合抱于右胸前，向左前迈左脚转腰弓步，左手下抹右手前推开掌。

2.扣左脚右转，沉左髋稳重心，双手合于左胸前，向右前迈右脚转腰弓步开掌。

十四、左右分脚

1.沉右髋收左脚稳住重心，双手合抱于胸前，起身向左分踢左脚，双手上下划弧劈掌；松右髋，落左脚向左前踩踏弓步，双掌随身按于髋旁。

2. 沉左髋提右脚合抱双手，稳住重心，起身向右分踢右脚、劈掌。

十五、野马分鬃

1. 沉左髋落右脚稳重心，双手上下合抱于左髋前，向右前迈右脚转腰弓步，双手交错打开。

2. 沉右髋收左脚身微右转，稳住重心，双手上下合抱于右髋前，向左前迈左脚转腰弓步，双手交错打开。

十六、金鸡独立

1. 沉左髋收右脚，双手合于胸前，压左腿稳重心，起身提右膝上摆，右手内旋攥拳上挙，左手外旋开掌下按，立腿收腰悬顶。

2. 松左髋落右脚稳住重心，收左脚合双手于胸前，起身提左膝上摆，左手内旋攥拳上挙，右手外旋并掌下按，立腿收腰悬顶。

十七、玉女穿梭

1. 松右髋落左脚稳住重心，双手上下合抱于右髋前，向左前迈左脚转腰弓步，双手交错打开前推。

2. 扣左脚旋臂右转，压左腿稳重心，向右后方迈右脚转腰弓步，开双手前推。

十八、单鞭下式

松右髋微向右收左脚，稳住重心，双手收合于右胸前，向左后迈左脚转腰弓步拉出单鞭；重心后移，外摆右脚，拧腰下坐，双手随身向前后脚按下。

十九、上步七星

外摆左脚松膝起身，扣右脚提腿跟步，左手上托前引，右手收于髋后，沉左髋提右脚上半步、脚掌着地，双手随右脚向前攥拳交叉合于胸前，拳心向外，松腰拔背提顶。

二十、退步跨虎

向右后提髋右脚坐实，双手合于右肩，腰左转提绊左脚，双手上下斜横打开撑掌。

二十一、转身摆莲

松右髋，落左脚跟内扣右转，右脚外摆，以右脚掌为轴，以腰带身，摆左脚右转归原位；弓左腿稳住重心，腰带双臂左旋右转，带右腿起右脚左旋右摆击拍双手。

二十二、弯弓射虎

沉左髋收身稳住重心，落右脚，双手攥拳收合胸前，弓右腿，左拧腰，向左上出拳对拉。

二十三、双峰贯耳

沉右髋落双拳合于髋旁，提左脚前跟，屈身稳重心，向前迈左脚外旋双臂，弓步上钳双拳。

二十四、收式

重心后移右腿下坐，收左脚双手外旋下落至髋旁，变掌上托与肩略平；翻掌下按，立腿收腰悬顶，坐腕展指。松身下沉，重心移于右脚，收左脚并立，双手合指扣于髋旁，静心平气。

第三章

太极拳健身功效

有关调查数据显示，在影响健康的因素中，遗传因素约占15%，环境因素约占7%，医疗条件约占8%，而生活态度、生活方式占60%以上。由此可见，人类在健康方面完全可以有所作为。

研究表明，太极拳有多方面健身功效。

第一节 匡正身形

练功时保持太极身法，具有良好的运动养生功效，具体表现在以下几个方面：

1. 有助于肾动脉血管维持生理口径从而保障左右肾脏供血充足；也有助于肾静脉吻合形成及肾静脉向腰静脉回流血液，并通过脉管系统将肾上腺分泌的肾上腺素输送至心脏，进而调节心率。

2. 可通过脉管系统将肾上腺分泌的去甲肾上腺素输送至相应器官，促使血管收缩，增强力量，提升抗击打能力。

3. 便于通过脉管系统将肾上腺分泌的肾素输入血液循环，参与动脉血压调节。

4. 有利于输尿管保持通畅。

5. 让脊椎各个关节都处于灵活的功能位，保持最佳的稳定性和运动效能，同时有助于预防和治疗腰椎、颈椎疾病。

第二节 壮骨易髓

一、太极拳有利于骨骼养护

太极气敛入骨，敛入脊骨，肌肉进行动态弹性收缩时，有助于新骨骼生长，还能维持骨骼生理结构。长期习练太极能对骨骼形态结构产生良好的影响，使骨骼形态能够根据承载要求作出形状与结构的优化调整。特别是对于容易出现骨质疏松的脊柱和骨盆，密度改善更明显。这些变化增强了骨骼抗弯、抗压、抗折和抗扭转等力学性能。

大量研究证实，骨骼的大小与体重和运动强度密切相关。肌肉的活动越频繁，骨骼的尺寸增长越明显，表现为骨径变粗、骨面肌附着处突起变明显，骨骼抗折、抗压缩、抗扭转等能力增强。太极是强壮骨骼的理想运动。前辈把太极对骨骼的强壮和优化叫：壮骨。

二、改善骨髓血液供应

太极功力至深后形成震颤，增加血液微循环能力，通过骨膜血管的作用，增加骨髓与外部血液的交换量，从而改善骨骼的营养供应，增强骨髓造血能力，进而提升骨骼健康水平和身体基础健康状况。长期以来，有不少拳家认为太极可“易髓”。

第三节　强健肌肉

太极拳作为一种传统的中国武术和健身方式，具有多方面的生理效益，特别是在肌肉、韧带、筋膜等软组织的锻炼和优化方面。以下是太极拳对周身肌肉及相关组织的影响：

1.肌肉纤维的优化。

减少脂肪含量：练习太极拳可以减少肌肉纤维中的脂滴和肌膜上的脂肪，从而降低肌肉收缩时的阻滞力，使肌肉收缩更加高效和迅速。

增强收缩效能：通过练习太极拳，肌肉纤维的收缩效能得到提升，使动作更加敏捷和协调。

2.结缔组织的增厚与提升运动效率。

增厚结缔组织：练习太极拳可以增厚肌腱、韧带和筋膜等结缔组织，增强其抗张力和抗断裂能力，从而提高身体的稳定性和抗损伤能力。

提高神经控制效率：通过练习太极拳，神经对肌肉的控制效率得到提升，使动作更加精准和协调。

3.增强骨骼肌功能。

优化骨骼肌功能：练习太极拳会使肌肉产生极微小的撕裂，从而促进骨骼肌的生长、代谢和运动功能的优化，改善血液循环，提高骨骼肌的分泌活力。

营养小贴士

调节人体新陈代谢和生长发育的肾上腺皮质激素的主要成分是脂肪类物质。脂肪还能促进脂溶性维生素（如维生素A、D、E、K）的吸收。脂肪分为饱和脂肪酸和不饱和脂肪酸，大量摄入饱和脂肪酸会增加心血管疾病的风险，而不饱和脂肪酸则有助于增强细胞结构、促进胆固醇代谢，并延缓血液凝固。在选择食物时应注意，无论是饱和脂肪酸还是不饱和脂肪酸，摄入量都应以满足生理需求为度。

第四节　通活气血

中医认为，人体的“气”是体内活力很强的极精微物质，既来源于父母的先天之精，也来源于食物和自然界的后天之气，并通过腑脏作用生成。血液循环行于脉中，是构成人体和维持人体生命活动的基本物质。

运动是促进气血畅通的重要途径。血液从肺中获取氧气，从肠道中汲取营养物质，并将其送至各个器官和细胞；将内分泌产生的激素运输到靶细胞；将细胞代谢产生的二氧化碳运送到肺；将其他代谢产物送至肾脏等器官排出体外。一旦血液循环发生障碍，机体的新陈代谢将无法正常进行，严重时可能伤害重要器官，甚至危及生命。

一、太极养护气血原理

（一）改善血液循环

在练功过程中，腰腹肌与腱性组织、椎间盘共同形成一个完整的动态弹性均衡谐振网络。通过节律性、柔缓的往复运动，牵拉腹膜、胸膜、系膜以及内脏韧带，使腹内压顺应调节。在这一综合效应下，内脏器官受到轻柔的按摩，从而系统地改善内脏器官的血液和淋巴液循环效率，增强内分泌调节作用，并提升器官的生理机能。

营养小贴士

中老年人在面对高脂肪、高蛋白、高蔗糖食物时，不能随意过量食用，而应根据自身的生理指标状况和运动强度等因素，合理调控摄入量。2017年，世界卫生组织国际癌症研究机构公布了致癌物质，胆固醇被列入其中。胆固醇的吸收受多种因素影响：食材中胆固醇含量越高，吸收越多；食物中的脂肪和脂肪酸会促进胆固醇的吸收；而橄榄油、大豆油、茶油等植物固醇则能抑制胆固醇的吸收。此外，南瓜、木耳、海带等食物中含有不能被人体直接利用的维生素、果胶、琼脂等成分，这些成分易与胆盐结合形成复合物，从而降低胆固醇的吸收。因此，保持饮食结构均衡至关重要。

（二）改善心脏功能

心脏的收缩力量对血液循环效能起到基础性和决定性作用，这种功能被称为“心脏泵”。长期坚持练习太极拳，能使心脏形态和结构发生适应性变化，表现为生理性心肌肥厚，这种现象称为心脏重塑，包括心脏形态重构和心肌组织重塑。

在练功过程中，身体对血液的需求介于安静状态和剧烈动作之间，使心肌和心脏血管的韧性得到增强。

（三）改善血管功能

练功时，心率和血压波动较小，血液流动平稳而和缓，血液在血管中流动的阻力低、回波小。整体表现为血液流动阻力减小，血液循环过程中的能量损耗降低，微循环效能提高，从而增加肌肉和骨骼细胞的血液供应。毛细血管网会生成新的毛细血管，使毛细血管和肌肉变得更加灵敏、更有弹性、更有力量。随着毛细血管网的延伸，心脏的泵血量和泵血力度也在增强，使心脏变得更加强健。

心脏泵血动力增强后，原有的心血管系统可能无法承受新的压力，于是全身血管会主动增粗，变得更加坚韧，血液循环效率进一步提高。这为体表皮肤（经常与外界接触的部位）的防御屏障和内脏器官持续提供新的能量，同时改善代谢能力、免疫力和抵抗力。

二、增强免疫

人体被遍布体表的淋巴免疫系统所保护。这一防御系统每天都面临着来自内外的攻击：从外部来看，有各种对机体的伤害；从内部来看，有进入体内的微生物以及机体自身可能发生病变的细胞。免疫系统需要同时应对这些挑战，而其主要“卫兵”是白细胞。白细胞的运输和供应网络由血液、淋巴系统的淋巴液、淋巴管和淋巴结共同完成。

组织液与毛细淋巴管之间的压力差是促进组织液进入淋巴管的动力。通过练功，可以增加组织液的压力，从而促进淋巴液的生成。

第五节 益智调心

一、调节情绪

情绪作为一种基本心理过程，对生活、学习和工作具有重要影响。适当的情绪体验和表达，是与身边的人进行交流沟通的重要途径。

练功有助于提升大脑中血清素、内啡肽、肾上腺素、多巴胺等含量，从而帮助人保持豁达、乐观和积极的心态。

二、舒缓心理压力，呵护精神健康

现代都市人普遍用脑多，久坐多，户外运动少，导致身体机能衰退加剧。长时间的精神高度紧张，容易引起交感神经与副交感神经功能紊乱，进而引发多种慢性病。虽然精神药物可以部分缓解情绪问题，但其副作用较大，并非长久之计。心情欠佳时，通过太极拳修正身体姿态，可调整、放松心情。

三、优化脑区质量

当全身心地投入太极时，需要调用大脑前额叶皮层，进而激活整个大脑，从而激活身体的觉知和体验。

研究发现，每天进行20分钟左右的太极练习，可以使习练者大脑中负责注意力、决断力和短时记忆力区域的灰白质更清晰。在这种禅意状态下，还能增加包括负责学习和记忆的海马体在内的多个脑区灰白质密度，同时降低杏仁核（与紧张情绪相关）的灰白质密度，这一过程被称为“神经修剪过程”，即灰质结构出现专门化趋势，从而使大脑工作效率更高。

第六节 延缓衰老

一、健身功效

坚持练习太极的中老年人，其运动能力、平衡能力、肢体灵活性及敏捷性都能保持在较高水平。此外，练太极拳可增加大脑皮层厚度，提升对人体运动方案的策划与优化能力，同时增强对实际运动统筹、协调和控制能力。

营养小贴士

硒是人体不可缺少的微量元素，它与维生素E同属抗过氧化物质。硒可增强抗癌能力，提高免疫力，并有助于提高生育能力。富含硒的食品包括啤酒酵母、小麦胚芽、大蒜、芦笋、蘑菇、芝麻、大虾、金枪鱼和沙丁鱼。

二、适合中老年人长期坚持

许多体育运动对体能有较高要求，中老年人因体能下降往往难以长期坚持。而太极拳没有剧烈的发力动作，适合各个年龄段的人长期练习。太极拳让全身各层次的肌肉、韧带和筋膜都参与锻炼，系统提升肌肉的韧性、黏蛋白和弹性蛋白的含量；同时为肠胃提供良好的生理条件，避免因受力过剧而导致肠胃功能紊乱，有助于肠胃顺畅地消化和吸收。

在练功过程中，肋间肌、左右腹内外斜肌、腹直肌、腹横肌、背阔肌、膈肌等呼吸肌通过柔缓、往复的运动，动态调节腹内压。内脏韧带的往复牵拉作用，对心、肺、肝、肾、肠、胆等器官进行轻柔按摩，显著改善血液循环和代谢吸收能力，保持排泄通畅，清除炎症物质，缓解疼痛。

营养小贴士

维生素C在胶原蛋白产生中起重要作用，而胶原蛋白有助于增强骨骼质量。压力过大、缺乏运动、高咖啡因摄入、酗酒、吸烟都会损害骨骼健康。多吃富含维生素的柑橘、猕猴桃、西蓝花、甘蓝、土豆、鱼、肉、蛋、酸奶、豆腐、坚果等食品，适度锻炼，保证充足的阳光，都有助于改善骨骼健康，减少骨骼和关节发生疾病的风险。从营养学角度，植物中很难找到人体所需的全部蛋白质，因此动物源蛋白质不可或缺，纯素食并非最佳选择。此外，低热量饮食可能导致无法获取足够营养维持骨骼健康，可能增加骨质疏松的风险。

附 录

一、太极拳的练功方位

前辈拳家留下的传统练功站位，是借助后天八卦图（图12），以东南西北为参照系，按面朝正南起步、练功，方向变化依照东、西、北、东南、西南、东北、西北（前辈称：四正、四隅）八个方向阐述。前辈认为，这种朝向练法，有利于采集天地精气。我们在书中沿袭了这种站位方法。

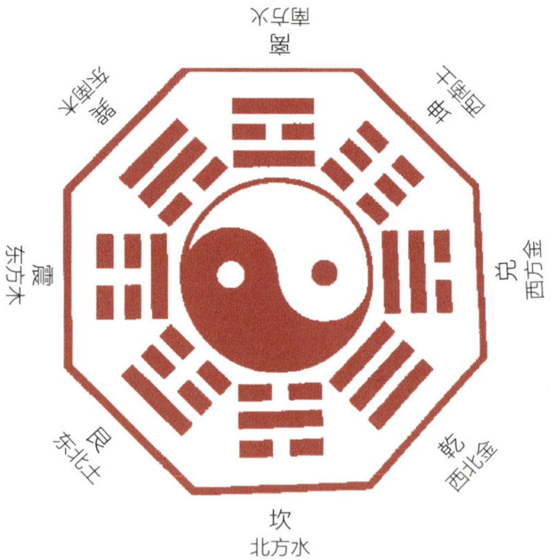

图12 后天八卦图

需要说明的是，五行在练功中的意义，是便于习练者在东西南北方位把功法练到位。学习、练习时，可以根据场地具体情况灵活掌握。方向的阐述和理解，也可按照身体前方、后方、左侧、右侧、左前45° 左右角、右前45° 左右角、左后45° 左右角、右后45° 左右角操作。

二、练功前、后的准备活动及禁忌和放松运动

（一）准备活动

太极与其他体育运动相比，幅度细微，速度缓慢。但练习前，仍要像进行高强度体育运动一样，用5分钟左右做心理和身体准备，调节心率，缓和呼吸，让血液向运动系统调配，让韧带、肌肉进入状态，避免扭伤、拉伤。

1. 调心调吸。两腿分开与肩同宽，两膝微弯，两足舒适站稳，左右掌分放在胸骨剑突左右，掌根与心口略平，头颈正直，下颏微抬，两眼微闭，目光虚空，舒展眉心，舌尖轻抵上齿龈后。无思无虑，无欲无求。

2. 预热身体。两手对搓手掌微热后，十指交叉左右圆转活动手腕，脚跟轮换抬起活动脚踝；十指微弯指背指尖贴合，用两中指尖轻扣头顶百会穴10次；两手掌轻柔按摩搓擦面、耳郭、腕、肘、颈、肩膀、腰、腹、骶。

3. 做常规肢体拉伸。

（二）练功禁忌

餐前、餐后半小时内不练功；练功前、后半小时不洗澡，不沾凉水；出汗较多时，不要立即脱衣服，应等汗消退后，用干毛巾擦干身体，再更换衣服；热天习练后，不立即进冰冷空调房间，避免食用生冷瓜果和冰饮；心情过度烦闷，体力欠佳或患有伤风感冒等疾病时，不宜练功；不在门洞、阴暗霉湿的地方练功；雷

雨、大风等不良天气时，不在露天处习练；不在烈日下习练；雾霾天气不在室外习练；在水边、山下习练时，应背向水面和山峰。

（三）整理放松

太极拳练习中，周身韧带、筋膜、关节囊超出常态长度，心脏、肺、肾、韧带、肌肉负荷都高于生活常态。因此习练后应散散步，轻轻抖动腰身和四肢，可以促进血液向脏器回流。如有条件，可坐在木质凳子上（铁质、塑料材质寒凉，需放个垫子），用手自下而上轻揉轻拍、按摩四肢肌肉和关节囊、肌腱，促进血液循环，防止静脉曲张，养护关节软骨，促进营养物质和维生素向肌肉、关节、韧带输送。

三、太极桩功

拳谚说：练拳不练桩，盖房不打桩。习练桩功能增强对太极拳理论的体悟，增强下肢和椎旁肌群的力量，建立太极神经通路，修复受损神经，平衡无意识运动和有意识运动，是学拳入门和提升功力的不二法门。没有时间练拳的人，在工间、课间练十几分钟桩功，同样可起到积极放松、修复疗愈作用。

（一）开合桩

1.两足平行分开，距离比肩略宽，身体下蹲，两膝微屈，重心分于两腿；两臂弯屈，掌心相对如抱球状。舌尖轻抵上齿龈后（练功中常态保持）。目视前方（图13）。

图13　开合桩

2.接上式，身体略上升，同时两手稍开，吸气；接着身体略下降（即身略下坐），两手稍合，呼气。目视前方。

【要领】上身正直，悬顶松腰，含胸拔背，活肩垂肘，尾骶中正，眼视前方，敛气凝神，呼吸自然。两手一开一合，气贴于脊背，敛入脊骨，沉于丹田。周身腱性组织在练功中保持较高的黏弹张力。

（二）川字桩

1.右式。身体立正，右脚向前迈出半步，脚跟着地，脚尖略提起，屈左腿，身往下沉，重心大部寄于左腿；两臂略弯，双手向前平伸，活肩垂肘、坐腕，手指微屈，分开向上，右手在前上方，左手在后下方，略近胸前，掌心斜相对，如抱球状。目视前方（图14）。

2. 左式。动作同右式，唯左手、左足在前。

【要领】练时两足距离保持约1尺左右（半步），不要过近或过远。上体正直，臀部不要突出，含胸拔背，虚灵顶劲，尾骶中正。眼视前方，无思无虑。上身与下身要协调配合，保持六合（肩与髋合，肘与膝合，腕与足合），周身轻灵，无丝毫拙力，力求舒适自然。

（正面）　（侧面）

图14　川字桩

（三）踩腿功

1. 右式。身体立正，两手上抬，右手经胸前向右后引，引拿敌手，掌心向下，左手掌前伸，闪人面部，两手臂弯屈，保持动态弹性，不要伸直；同时右腿抬起，用右脚心向前下方踩，踩时身体略斜而往下蹲；双手同时前后分开，左膝略屈，重心寄于左腿。目视前方（图15）。

2. 左式。动作与右式相同，踩时左手作引拿动作，右手掌前伸闪人面部；同时左足心向前下踩，右膝略屈，重心寄于右腿。目视前方（图16）。

图15　踩腿功右式

图16　踩腿功左式

【要领】上身保持正直，含胸拔背，气沉丹田，虚领顶劲。手的引拿与脚的踩踏，要同时协调进行。

（四）金鸡独立式

1. 右式。

（1）身体立正，左脚尖向左横移，上体向前往上升，顺势右脚提起前上一步，脚尖落地，脚跟提为虚步（也可不落地），重心落于左脚；同时，左掌随势提于体前，坐腕伸指，掌指向上，右手由后随右腿进至右髋旁。

（2）接上动作，右掌随上体渐渐升起势向上举升，手指朝上；同时，右腿屈膝上提，足尖略下垂，右肘与右膝上下相对，左手掌下按，手指前伸，掌心向下，置于左髋旁。目视前方。

【要领】动作要连续顺畅，保持虚领顶劲、气沉丹田、含胸拔背，手勿过高，身勿太仰，肘与膝相合。

2. 左式。

身体立正，右脚落地，身略下蹲；同时右手下落置于右髋旁，手指前伸，掌心向下，左手随身体渐渐上升势向上举起，手指朝上，左腿在左手上举的同时屈膝上提，足尖略下垂，重心寄于右腿，左肘与左膝上下相对。目视前方（图 17）。

左右式只是方向不同，动作要领、身姿完全相同。

图 17　金鸡独立式（左式）

四、说明

1. 书中提供的影像视频、图画、身形和动作幅度，只是为大家提供一个参考基准，须根据体能弹性掌握步幅大小和身体重心高低。只要严格遵循虚领顶劲、气沉丹田身法和以心行气、以气运身行功要领，健身功效就有保证。太极拳没有拨筋等硬性改变身体柔韧程度的操作，完全顺应身体自然机能。无须追求低重心，大步幅，以免练功中膝髋腰关节活动范围过大而造成关节和软组织损伤。

2. 习练每种桩功的时间长度、种类，可根据体能、时间弹性掌握，没有硬性规范。初始学习时，不可过度加长习练时间，以免遁入“训练综合征”，茶饭不思，寝食难安。年纪大的人经常练功时间过长，反而导致体内自由基堆积而加速老化。

3. 避痛。练习太极的目标是健身。太极的健身是在神舒体静中实现的。有的老师告诉学生练功出现疼是排毒，是非常错误的。但由于对功法要领体悟不准确，练功中出现疼痛也难以避免。只要出现痛，就表明身法、功法出现了问题，应该及时检查体会。避疼是功力提升的内驱力，不疼是功力到达一定境界的标准。

后　记

太极养生调养功效全面，但不是万能的，更不是无限的；可防病，不等于不得病；可以治病，不能说包治百病；能够养生健身，但不能代替医院和医生。太极所有功效都是生理机能的物质运化过程，不是超自然的法术，要以科学态度看待太极，科学练太极。

练习太极拳，须抱持不是为了迎合他人的审美期待而展示神功绝技，而是寻求自己的身体在舒适运化中，与天（空气、光等）、地（重力、地面支撑力等）、人（对手的攻防、骨骼弹性、腱性组织黏弹性、对太极拳理论的理解等）和谐对话的理念。坚守强身健体发心，确保安全无痛是练功的要义。

一人一太极、一日一太极。功法因人而异；功力与时俱进，与日俱增，乐趣无穷。

衷心祝福大家通过科学练习太极拳，受益终生。

2025年2月于北京

参考文献

1. 朱大年，王庭槐. 生理学［M］. 第8版. 北京：人民卫生出版社，2013.

2. 丁文龙，王海杰. 系统解剖学［M］. 第3版. 北京：人民卫生出版社，2015.

3. 黄晓琳，敖丽娟. 人体运动学［M］. 第3版. 北京：人民卫生出版社，2018.

4. 陈忠，王盛. 血管和腔内血管外科学［M］. 第5版. 北京：北京大学医学出版社，2016.

5. 李芳成. 运动生理生化及相关理论分析与应用［M］. 北京：中国水利水电出版社，2016.

6. 汪华侨. 功能解剖学［M］. 第3版. 北京：人民卫生出版社，2018.

7. 高鹏翔. 中医学［M］. 第8版. 北京：人民卫生出版社，2016.

8. 张绍祥，张雅芳. 局部解剖学［M］. 第3版. 北京：人民卫生出版社，2016.

9. 张振友，闫卫东，张良，等. 太极拳科学原理［M］. 北京：中国石化出版社，2023.

10. 孙以昭. 杨氏太极真功［M］. 北京：人民体育出版社，2010.

11. 朱丽艳. 重塑超级大脑：打造你的巅峰状态［M］. 北京：中国社会科学出版社，2020.

12. 编纂委员会 . 永年太极拳［M］. 北京：人民体育出版社，2006.
13. 姚继祖 . 武式太极拳全书［M］. 太原：山西科学技术出版社，1999.